Patricia Thoma

Auf leisen Pfoten unterwegs

Die Welt in den Augen einer Füchsin

BELTZ & Gelberg

Inhalt

Wenn ihr dieses Buch in euren Pfoten haltet und mit euren Augen durchstreift, denkt ihr vielleicht: Was für eine ausgefuchste Klugscheißerin! Aber ganz ehrlich, das habe ich mir von euch abgeguckt. Denn ich lausche, rieche und beobachte euch im Großstadtdickicht und beim Ausflug ins Grüne. Dabei bin ich auf leisen Pfoten unterwegs und bleibe für euch fast unsichtbar.

Füchse und Menschen sind aber nicht nur klug, auch sonst sind wir uns ziemlich ähnlich: Wir sind Allesfresser, können das Fleisch von anderen Tieren und die Früchte, Blätter und Wurzeln von Pflanzen fressen und deshalb fast überall auf der Welt leben. Wir Rotfüchse sind in Europa, Nordafrika, Asien, Nordamerika und Australien zuhause. Langohrige Bengalfüchse wohnen vor allem in Indien. Sandfarbene Wüstenfüchse durchstreifen Nordafrika und schneeweiße Polarfüchse leben unter anderem am eisigen Nordpol.

Jetzt möchte ich aber noch nicht zu viel verraten. Nur eines noch: Füchse und Menschen entstehen und vergehen, so wie Pflanzen und sogar Berge. Doch wann und wie sind wir eigentlich alle entstanden?

ERSTES KAPITEL

Alles auf der Welt besteht aus winzig kleinen Teilchen, die vor Abermillionen von Jahren bei Sternenexplosionen entstanden sind.

Lynn Margulis, Biologin[1]

Kommen wir auf die Welt oder sind wir schon da?

Alles auf der Welt, also Berge, Pflanzen, Tiere und Menschen, besteht aus Sternenstaub. Die einzelnen Staubkörnchen aber sind so winzig, dass sie mit bloßem Auge nicht zu sehen sind. Und all diese Körnchen sind schon seit Abermillionen von Jahren auf der Welt, also lange bevor wir von unseren Eltern gezeugt und schließlich geboren wurden.

Aber gehört der ganze Sternenstaub, aus denen Berge, Pflanzen, Tiere und Menschen bestehen, eigentlich irgendjemand?

ZWEITES KAPITEL

Die Natur ist für den Menschen da. Dieser Irrtum wird uns noch lange beschäftigen.

Karl-Heinz Göttert, Schriftsteller[2]

Wem gehört die Welt?

Vor mehr als 10.000 Jahren gab es eine Zeit, die ihr die Phase der »Jäger und Sammler« nennt. Damals war euch die Sprache der Tiere und Pflanzen noch vertraut. Ja, sogar mit den Bergen habt ihr geredet, und wenn eure Höhlen durch ein Beben beschädigt wurden, habt ihr den Berggeist reich beschenkt und um Ruhe gebeten. Kein Mensch wollte es sich mit den Geistern von Tieren, Pflanzen und Bergen verscherzen – das war lebensgefährlich!

Irgendwann seid ihr von den Höhlen in feste Häuser eingezogen. Ihr habt Wildtiere gebändigt und für euch arbeiten lassen, wildes Getreide gezüchtet, gesät und geerntet. Alles sollte von nun an für euch Menschen nützlich sein.

Viele Jahrtausende vergingen, dann setzte Aristoteles die Menschen endgültig auf den Thron der Welt. Der große Denker lebte von 384 bis 322 v. Chr., also vor mehr als 2000 Jahren. Er beschrieb die Ordnung der Welt als eine Art Treppe, die von göttlicher Hand gebaut wurde. Ganz unten liegen die Steine. Etwas weiter oben wachsen die Pflanzen, ein paar Stufen weiter leben die Tiere. Darüber sitzen die Menschen bis heute, obwohl der Naturforscher Charles Darwin heftig an diesem Thron gerüttelt hat. In seinem Buch »Der Ursprung der Arten« aus dem Jahr 1859 schrieb er nämlich, dass alle Lebewesen miteinander verwandt und deshalb gleichwertig sind. Die Menschen waren damals ziemlich schockiert und haben sich an ihren Armlehnen festgeklammert. Denn wer möchte schon gerne vom Thron gestürzt werden?

Huch, diese Zeitreise ging jetzt aber für Füchse und Menschen ganz schön schnell! 10.000 Jahre sind für Berge jedoch kurz wie ein Wimpernschlag. Und so können sie sich sicherlich noch an die Zeit erinnern, als Menschen mit ihnen geredet haben.

DRITTES KAPITEL

Ich hätte mich gern einmal richtig mit einem Tier verständigt.

Claude Lévi-Strauss, Ethnologe[3]

Sag's doch auf Füchsisch

Wir Füchse können euch ganz gut verstehen. Aber gilt das auch umgekehrt? Die Sprache der Tiere ist für viele Menschen irgendwie nicht ganz richtig. Und deshalb versuchen sie erst gar nicht, mit uns ins Gespräch zu kommen. Das meint die Philosophin Eva Meijer. Mich hat jedenfalls keiner gefragt, ob ich die neue Straße durch meinen Wald okay finde. Aber als ich in eurem Garten zu graben begann, habe ich ja auch nicht auf eine Baugenehmigung gewartet.

Seither schaue ich euch neugierig aufs Maul: Manchmal kläfft ihr wild und frei nach Schnauze, dann wieder säuselt ihr euch leise ins Ohr. Eure Nase sagt euch übrigens, was oder wen ihr mögt. Und wenn ihr jemand ganz doll riechen könnt, habt ihr ihn zum Fressen gern. Eure Schnauzen nähern sich dann leidenschaftlich, so als würdet ihr euch gleich verschlingen wollen. Aber nicht lange, dann zankt ihr wieder. Euer Gesicht läuft rot an, Pfoten fuchteln fuchsteufelswild in der Luft herum und es wird gekläfft, bis die Fetzen fliegen.

Gekläfft wird bei Füchsen auch, wenn es richtig Stress gibt. Aber das Meiste läuft über die Nase. Wenn wir andere Füchse treffen, beschnuppern wir uns und entscheiden dann, ob wir gemeinsame Sache machen wollen. Und wie Menschen mit ihren Smartphones senden auch wir Nachrichten. Allerdings mit unserem Urin und Kot, wo wichtige Duftinfos gespeichert sind. Hier können wir das Alter erschnuppern, ob eine Füchsin Lust auf Liebe hat oder ob jemand von uns krank ist. Und natürlich können wir im Kot auch Essensreste riechen, etwa eine gefressene Ratte oder Cheeseburger mit Pommes.

VIERTES KAPITEL

Füchse benötigen etwa 120 Kilokalorien am Tag pro Körpergewicht. Das entspricht etwa einer Ratte täglich – oder einem Doppelcheeseburger mit Pommes.

Adele Brand, Wildtierforscherin[4]

Vom Fressen und Gefressenwerden

Wir Füchse jagen gerne überall. Dabei können wir uns auf Nase und Ohren verlassen. Eine Ratte erschnüffeln wir schon am anderen Ende des Feldes und einen Regenwurm erlauschen wir tief unter der Erde. Die längsten davon schlürfe ich dann direkt in mein Maul.

Wir haben kleine Mägen und hamstern unser Fressen in Erdlöchern. Die merken wir uns genau: Unterm großen Baum liegt die Ratte. Hinterm Strauch sind der Burger mit Pommes samt Hühnchen versteckt. Beim Vergraben müssen wir Rabenvögel im Blick behalten, die uns immer und überall beobachten. Passen wir mal nicht auf, dann plündern sie die Vorräte und unser Hunger bleibt groß.

Kleine Mägen habt übrigens auch ihr und deshalb wird viel Fressen auf Vorrat gekauft. Wenn die Schnauze dann voll ist, landen Reste nicht in Erdlöchern, sondern in der Tonne. Neulich habe ich schon von weitem den köstlichen Duft von Burger mit Pommes erschnuppert. Aber nicht nur ich habe mich davon locken lassen … Doch bevor sich die Ratte über die Leckerbissen hergemacht hat, habe ich sie mir geschnappt und den Burger mit Pommes gleich hinterher.

Und wenn ich schon mal beim Fastfood bin: Danach bin ich auf leisen Pfoten in den Stall geschlichen und habe mir meinen Nachschlag abgeholt. Die aufgescheuchten Hühner sind für mich immer wie ein reich gedecktes Buffet und das macht mich ganz verrückt. Ich kann mich dann kaum entscheiden, schnappe mehrere auf einmal und vergrabe sie später. Und ihr wollt mit mir eines dieser fetten Hühnchen rupfen?

FÜNFTES KAPITEL

Füchse haben hübsche Häuser auf dem Land. Und wie die Anzug tragenden Männer kommen sie in die Stadt, weil sich dort schnelle und fette Beute machen lässt.

Charles A. Foster, Philosoph[5]

Zur Untermiete im Großstadtdickicht und Eigenheim im Grünen

Auch beim Wohnen kommen wir Füchse euch Menschen ganz nahe. Meine Stadtwohnung grabe ich in eurem Garten und ruhe mich zwischendurch in der Garage aus. Für euch bleibe ich dabei fast unsichtbar.

Mein Eigenheim im Grünen hat mehrere Etagen, Ein- und Ausgänge und für alle Fälle auch einen Notausgang, mit Blättern getarnt. Diesen hübschen Bau habe ich von meiner Mutter geerbt. Aber nein, auch sie hat nicht selbst gegraben, sondern ein Dachs, der mit meiner Mutter über einige Jahre zusammengelebt hat. Irgendwann hat sie dann mich und meine Geschwister bekommen, dem Dachs wurde es zu bunt und er ist ausgezogen.

Oh, jetzt muss ich mich aber beeilen, denn zu Hause warten schon meine nimmersatten Jungen und ihre füchsische Babysitterin.

SECHSTES KAPITEL

Wir sind Gruppentiere, arbeiten gut zusammen und sind gegen Ungerechtigkeiten empfindlich.

Frans de Waal, Verhaltensforscher[6]

Teamwork

Wenn ich dann endlich mit dem Fressen im Maul ankomme, gibt es ein großes Gezerre. Die Leckerbissen der anderen sehen schließlich immer fetter aus als der eigene. Die abgenagten Knochen lassen die Rabauken nach dem großen Fressen überall rumliegen. Erschöpft schleiche ich mich dann davon, lege mich aufs Ohr und schließe für einen Moment die Augen. Zum Glück habe ich meine Babysitterin. Sie füttert die Jungen und säubert ihr Fell. Vielleicht bekommt sie ja im nächsten Jahr selbst Babys.

Manchmal bringen auch die Väter was zu futtern. Ach ja, nicht alle meine Jungen haben den gleichen Vater. Damals haben sich nämlich gleich mehrere Füchse in mich verliebt, wollten mit mir schmusen und sich mit mir paaren! Ich konnte mich einfach nicht zwischen dem Schönsten, dem Stärksten und dem Liebevollsten entscheiden. Hoffen wir mal, dass meine Süßen all diese Eigenschaften geerbt haben!

Bisher sind sie jedenfalls ganz prächtig geraten und wollen jetzt endlich die Stadt erkunden.

SIEBTES KAPITEL

Homo sapiens heißt der wissende Mensch. Darauf sind wir so stolz und versuchen uns andauernd von anderen Lebewesen abzugrenzen. Aber warum? Weil wir sonst nicht so weiterleben könnten wie bisher.

Lynn Margulis, Biologin[7]

Der schlaue Fuchs

Meine Kleinen sollen nicht nur wissen, wo der Hase im Wald läuft, sondern auch, wie sie gefährliche Straßen in der Stadt überqueren können. Und das ist gar nicht so einfach. Wir Füchse sind zwar farbenblind, aber meine Mutter hat mir einen ganz besonderen Trick beigebracht, den natürlich auch meine Jungen kennen: Wenn das obere Licht der Ampel leuchtet, bleibe stehn, beim mittleren sei auf dem Sprung, und beim unteren kannst du gehn.

Füchse können also schwierige Aufgaben, wie das sichere Überqueren einer gefährlichen Straße, lösen. Ihr Menschen nennt diese Fähigkeit Intelligenz und das ist euer ganz großes Ding. Aber Intelligenz ist auch eine Sache der Sichtweise, meint die Philosophin Eva Meijer. Nun ja, aus meiner Sicht gibt es bei Menschen noch Luft nach oben. Eure Zäune und Mauern beispielsweise sind zwar hoch, ich zeige meinen Kindern aber, wie sie darüberklettern oder drunter durchkriechen können.

ACHTES KAPITEL

Mit seinem Duft platziert der Fuchs ein Klingelschild vor seinem Bau, umzäunt sein Territorium.

Katrin Schuhmacher, Journalistin[8]

Das ist mein Revier!

Wir Füchse markieren das Gebiet, in dem wir wohnen, jagen und uns paaren, mit Urin und Kot. Junge habe ich schon und jetzt geht es bei mir vor allem ums Fressen. Deshalb platziere ich meine Duftmarken wie Pfosten für einen Zaun, der nur erschnüffelt werden kann. So wissen alle hungrigen Rotschwänze, dass sie in meinem Jagdrevier nicht erwünscht sind. Erwünscht bin ich natürlich auch nicht bei den Hühnern hinter euren Zäunen. Aber wurden sie denn schon mal von irgendjemand gefragt, ob gerade der Grill ihr letzter Sehnsuchtsort ist?

NEUNTES KAPITEL

Menschen glauben, dass sie besser als alle anderen Tiere zwischen Gut und Böse unterscheiden könnten. Doch ausgerechnet sie beuten und nützen andere Tiere auf ungeheuerliche Art aus.

Eva Meijer, Philosophin[9]

Gut oder böse?

Die Antwort darauf scheint einfach, ist aber für Menschen unendlich kompliziert. Auf hunderten von Buchseiten haben sich große Denker immer wieder an dieser Frage abgearbeitet. Und über Jahrhunderte waren sie sich so ziemlich einig, dass wir Tiere nicht zwischen Gut und Böse unterscheiden können.

Der Philosoph René Descartes, der von 1596 bis 1650, also vor rund 400 Jahren, lebte, behauptete gar, dass wir Dinge sind und ähnlich wie Maschinen funktionieren. Maschinen haben bekanntlich keine Gefühle. Sie können kaputt gehen, es ist ihnen völlig egal, wie mit ihnen umgegangen wird. Demnach wäre es auch uns Tieren wurst, wenn wir wie Tiere behandelt werden.

Nun gut, Menschen haben ein großes Talent darin, sich Dinge zurechtzulegen, und irren ist bekanntlich menschlich. Ich bin jedenfalls guten Mutes, denn Menschen sind besser als ihr Ruf. Wie alle anderen Tiere sind sie nämlich sehr empfindsam und erkennen sofort, wenn Lebewesen Leid zugefügt wird. Oder wenn es ihnen gut geht.

Geradezu in Hochstimmung sind junge Füchse und Menschen, wenn sie zum ersten Mal das schönste und aufregendste Gefühl der Welt empfinden. Und davon habe ich euch ja schon ein wenig verraten.

ZEHNTES KAPITEL

Und zur Paarungszeit hinterlassen
Füchsinnen duftende Liebesanzeigen.

Katrin Schuhmacher, Journalistin[10]

Liebe

Kinder, wie die Zeit vergeht! Meine Jungen sind groß geworden und verlassen jetzt endgültig die Futtergrube. Und anstatt leckerer Ratten flattern ihnen nun Schmetterlinge durch den Bauch. Selbst Burger mit Pommes lassen meine drei Jungs jetzt liegen, wenn Liebesduft ihre Nasen kitzelt. Füchsinnen sind nur an zwei bis drei Tagen im Januar und Februar empfängnisbereit. Um diese Tage abzupassen, verfolgen meine Jungs das Urin- und Kotparfüm ihrer Auserwählten über Wochen.

Dann endlich flirtet eine seidig glänzende Füchsin mit meinem Ältesten. Beide kuscheln sich aneinander, schmusen. Jetzt können sie sich ganz doll riechen, lassen gar nicht mehr voneinander und suchen sich einen geschützten Ort für ihre Paarung.

Mein Jüngster aber ist noch immer auf der Suche nach der großen Liebe. Blind vor Begehren folgt er seiner Nase sogar bis an den Waldrand und muss dann eine gefährliche Straße überqueren.

ELFTES KAPITEL

Viele Tiere kennen Trauerrituale. Manche Tiere halten am Leichnam Wache und Füchse begraben sogar ihre Artgenossen.

Eva Meijer, Philosophin[11]

Abschied

Die weiße Schwanzspitze meines Jüngsten zittert vor Erregung, gleich hat er sein Ziel erreicht. Dann tauchen Scheinwerfer die Schneedecke in gleißendes Licht und blenden seine erschöpften Augen. Doch er muss der Duftspur folgen, wagt sich auf die Fahrbahn, wird von dem Auto erfasst. Schwer verletzt schleppt er sich ins Gebüsch und bleibt dort liegen. Erst im Morgengrauen finde ich ihn, halte Wache, bin untröstlich.

Das Auto fährt nach Hause und parkt in der Garage. Die Familie steigt aus, den Aufprall auf der verschneiten Straße hat sie kaum bemerkt.

ZWÖLFTES KAPITEL

Die Kluft zwischen Mensch und Natur existiert nur in unseren Köpfen. Sie wurde mit riesigem Aufwand von großen Denkern frei erfunden.

Christian Schwägerl, Journalist[12]

Wir sind Teil der Natur

Vor langer Zeit war die Natur für Menschen vor allem eines: lebensgefährlich. Wenn ein Berg bebte, haben eure Vorfahren seinen Geist um Ruhe gebeten. Dieses Naturereignis haben einige Menschen neugierig beobachtet und schließlich verstanden, dass Beben durch die Verschiebungen von Erdplatten entstehen. Die Natur aber sollte nicht nur erforscht, sondern auch gebändigt und kontrolliert werden.

Vor rund 200 Jahren kamen Menschen auf die Idee, Dinge des täglichen Bedarfs nicht mehr von Hand, sondern in Fabriken mit Maschinen herzustellen. Die arbeitslos gewordenen Bauern und Handwerker zogen in die überfüllten und schmutzigen Städte. Und dort begannen sie, sich nach den wilden und unberührten Bergen, Pflanzen und Tieren zu sehnen.

Die Städte wuchsen immer weiter. Flüsse wurden begradigt, künstliche Seen geschaffen und sogar Berge versetzt. Heute gibt es praktisch kein vom Menschen unberührtes Fleckchen Natur mehr, eure Sehnsucht nach ihr ist aber vielleicht größer als je zuvor.

Menschen wollten die Natur in den Griff bekommen und haben sie dabei aus den Augen verloren. Und so endet die große Suche vielleicht bei euch selbst, denn auch ihr seid Teil der Natur.

Meine Geschichte aber ist noch nicht zu Ende. Im Frühling werden meine Jungs Väter von winzigen, tapsigen Fuchsjungen.
Und ich werde euch weiter im Auge behalten.

Quellenangaben und Literaturhinweise für Erwachsene

ERSTES KAPITEL

1) *Lynn Margulis, »Der symbiotische Planet«, Westend Verlag, Frankfurt am Main 2018*
Die Aussage wurde für eine bessere Lesbarkeit angepasst. Im Original lautet sie: »Die Materie im Körper aller Lebensformen – darunter natürlich auch der Säugetiere einschließlich uns selbst – lässt sich auf Kohlenstoff, Sauerstoff und andere Elemente zurückführen, die bei den Sternenexplosionen [...] erzeugt wurden.«

ZWEITES KAPITEL

2) *Karl-Heinz Göttert, »Als die Natur noch sprach«, Reclam Verlag, Stuttgart 2019*
Die Aussage wurde für eine bessere Lesbarkeit angepasst. Im Original lautet sie: »Die Natur ist für den Menschen da. Das war letztlich der Irrtum oder die Form von Naivität innerhalb der vormodernen Naturanschauung, mit dem wir noch in vielen Einzelheiten zu tun bekommen.«

Richard David Precht, »Tiere denken - vom Recht der Tiere und den Grenzen des Menschen«, Goldmann Verlag, München 2016
Precht beschreibt die große Veränderung von der Zeit der »Jäger und Sammler« bis zur Phase der Pflanzen- und Viehzucht vor etwa 10.000 v. Chr. Pflanzen wurden zu Nutzpflanzen, Tiere zu Nutztieren erklärt. Somit war eine direkte spirituelle Verständigung zwischen Menschen, Tieren und Pflanzen als gleichberechtigte Partner unmöglich.

Jane Bennett, »Lebhafte Materie«, Verlag Matthes & Seitz, Berlin, 2010
Für die Philosophin ist der Animismus, also die Vorstellung, Steine, Pflanzen und Tiere seien beseelt, hochaktuell. Denn diese sollen ihrer Meinung nach eine aktive Rolle in der Gesellschaft einnehmen und nicht nur nützliche Dinge für Menschen sein.

DRITTES KAPITEL

3) *Claude Lévi-Strauss in der taz vom 4.11.2009*
Aus einem Interview zitiert, geführt von Cord Riechelmann.

Eva Meijer, »Was Tiere wirklich wollen«, btb Verlag, München 2019
Die Philosophin schreibt, dass Menschen die Sprache der Tiere nicht als richtige Sprache anerkennen und ihnen deshalb keine Chance geben, sich zu wichtigen Fragen zu äußern.

Charles Foster, »Der Geschmack von Laub und Erde«, Piper Verlag, München 2017
Der Philosoph hat jahrelang beobachtet, wie sich Füchse mit Hilfe von Gerüchen, Mimik, Körperhaltung und Lauten austauschen. Begegnen sie sich, strecken sie die Vorderbeine, gähnen ausgiebig und beschnuppern sich gegenseitig. Dann entscheiden sie, ob sie miteinander arbeiten wollen. Kläffendes Kreischen deutet auf eine Auseinandersetzung hin. An der Klangfarbe ihrer Laute können sich Füchse auch über große Entfernungen wiedererkennen und unterscheiden. Im Urin und Kot können sie Geschlecht, Empfängnisbereitschaft, Alter und etwaige Krankheiten erschnuppern.

VIERTES KAPITEL

4) *Adele Brand, »Unsere wilden Nachbarn«, Verlag C. H. Beck, München 2020*

Charles Foster, »Der Geschmack von Laub und Erde«, Piper Verlag, München 2017
Der Philosoph beschreibt das feine Gehör, auf das sich Füchse beim Jagen verlassen können. Das Quieken einer Wühlmaus können sie über eine Entfernung von hundert Metern hören, den Flügelschlag einer Saatkrähe sogar über einen halben Kilometer weit.
Foster erwähnt auch das beeindruckende Erinnerungsvermögen beim Verstecken von Nahrung. Füchse erinnern sich noch Wochen später nicht nur, wo sie ihr Futter versteckt haben, sondern auch, um welche Art von Nahrung es sich dabei handelt.

FÜNFTES KAPITEL

5) *Charles Foster, »Der Geschmack von Laub und Erde«, Piper Verlag, München 2017*
Die Aussage wurde für eine bessere Lesbarkeit angepasst. Im Original lautet sie: »Viele [...] haben hübsche Häuser auf dem Land [...] und kommen wie die Anzug tragenden Männer in die Stadt, weil sich dort schnelle und fette Beute machen lässt.«

Katrin Schuhmacher, »Füchse«, Verlag Matthes & Seitz, Berlin 2020
Die Autorin beschreibt Fuchsbauten, die oft aus mehrere Etagen, vier oder fünf Ausgängen und einem mit Laub getarnten Fluchtweg bestehen. Füchse wohnen auch gerne in verlassene Dachs- oder Kaninchenbauten. Manchmal leben sie sogar mit Dachsen über mehrere Generationen in Wohngemeinschaften.

SECHSTES KPITEL

6) *Frans de Waal, »Das Prinzip Empathie: Was wir von der Natur für eine bessere Gesellschaft lernen können«, Hanser Verlag, München 2011*
Die Aussage wurde für eine bessere Lesbarkeit angepasst. Im Original lautet sie: »Wir sind Gruppentiere – sehr kooperativ gegen Ungerechtigkeiten empfindlich.«

Adele Brand, »Füchse – Unsere wilden Nachbarn«, C.H. Beck, München 2019
Die Wildtierforscherin beschreibt die Umgebung von Fuchsbauten, in denen Junge großgezogen werden. Hier liegen überall abgenagte Knochen und Spielsachen herum.
Des weiteren schreibt sie, dass nicht alle Fuchsjungen eines Wurfes denselben Vater haben.
Auch Babysitting ist laut Brand unter Füchsen verbreitet. Jüngere Füchsinnen ohne Nachwuchs passen auf die Jungen auf, säubern und füttern sie.

SIEBTES KAPITEL

7) *Lynn Margulis, »Der symbiotische Planet«, Westend Verlag, Frankfurt am Main 2018*

Eva Meijer, »Die Sprache der Tiere«, Verlag Matthes & Seitz, Berlin 2018
Die Philosophin beschreibt Intelligenz als eine Frage der Perspektive. Aus Ameisensicht etwa sind wir nicht besonders intelligent, weil wir schlechter als sie zusammenarbeiten. Aus Hundesicht könnten wir unseren Geruchssinn nutzbringender einsetzen.

Katrin Schuhmacher, »Füchse«, Verlag Matthes & Seitz, Berlin 2020
Die Schriftstellerin hat beobachtet, dass Stadtfüchse Ampelphasen beachten.

ACHTES KAPITEL

8) *Katrin Schuhmacher, »Füchse«, Verlag Matthes & Seitz, Berlin 2020*
Die Aussage wurde für eine bessere Lesbarkeit angepasst. Im Original lautet sie: »Mit ein paar Absonderungen platziert er ein Klingelschild vor seinem Bau, umzäunt sein Territorium.«

George Saunders, »Fuchs 8«, Luchterhand Literaturverlag, München 2019
Der Schriftsteller beschreibt, wie Füchse ihren Urin und Kot wie eine Art Straßenschild platzieren, auf dem steht: Achtung, das ist mein Revier, ich war hier.

Adele Brand, »Füchse – Unsere wilden Nachbarn«, Verlag C. H. Beck, München 2019
Die Wildtierforscherin beschreibt, wie sich Füchse an uns angepasst, beziehungsweise, wie wir sie verändert haben. Mit unseren Wohnsiedlungen samt Mülltonnen und Hühnergehegen dringen wir nämlich in die Reviere der Füchse ein und sind dann überrascht, dass diese ihren Speiseplan erweitern. Aber auch die Sozialbindungen und Lebensdauer von Füchsen stehen in enger Verbindung zu unserer Lebensweise.

Frans de Waal, »Das Prinzip Empathie: Was wir von der Natur für eine bessere Gesellschaft lernen können«, Hanser Verlag, München 2011
Der Verhaltensforscher beschreibt, dass auch Menschen, wie viele andere Tiere, ihr Revier und somit ihren Status und die Nahrungssicherung verteidigen.

NEUNTES KAPITEL

9) *Eva Meijer, »Die Sprache der Tiere«, Verlag Matthes & Seitz, Berlin 2018*
Die Aussage wurde für eine bessere Lesbarkeit angepasst. Im Original lautet sie: »Menschen meinen, sie seien im Hinblick auf das Rechtsempfinden besonders gut entwickelt, während sie ausgerechnet die Art sind, die andere Tiere auf ungeheuerliche Art ausbeutet und ausnutzt.«

Eva Meijer, »Was Tiere wirklich wollen«, btb Verlag, München 2019
Die Philosophin argumentiert, ihre Kolleg:innen hätten über Jahrtausende behauptet, Tiere könnten nicht sprechen und deshalb nicht zwischen Gut und Böse unterscheiden. Letztlich wäre so die Ausbeutung von Tieren gerechtfertigt. Aristoteles (384–322 v. Chr.) beispielsweise schrieb in seiner »Politik«, Menschen könnten sprechen und deshalb zwischen Gut und Böse unterscheiden. Immanuel Kant (1724–1804) glaubte, Tiere hätten kein Gewissen, weil sie nicht sprechen könnten.

Jessica Pierce, Marc Bekoff, »Sind Tiere die besseren Menschen?«, KOSMOS Verlag, Stuttgart 2017
Die Philosophin Pierce und der Biologe Bekoff argumentieren, dass Mitgefühl die Basis für moralisches Handeln ist und Tiere deshalb ein Gewissen haben.

Yuval Noah Harari, »Eine kurze Geschichte der Menschheit«, Pantheon Verlag, München 2011
Der Philosoph ist davon überzeugt, dass sich nur Menschen Dinge einbilden und Geschichten erfinden können.

ZEHNTES KAPITEL

10) *Katrin Schuhmacher, »Füchse«, Verlag Matthes & Seitz, Berlin 2020*
Die Aussage wurde für eine bessere Lesbarkeit angepasst. Im Original lautet sie: »[…] und gibt zur Ranzzeit im Januar und Februar libidinös motivierte Annoncen auf.«

Desmond Morris, »Der nackte Affe«, Droemer Knaur, München 1968
Der Zoologe merkt an, dass wir unsere Liebe ungern als Sexualtrieb bezeichnen, die Liebe der Tiere aber genau darauf reduzieren. Wir betreiben einen unglaublichen Aufwand, unsere scheinbar höheren Motive zu beschreiben, um uns vom vermeintlich instinktiven und triebhaften Handeln der Tiere abzugrenzen.

ELFTES KAPITEL

11) *Eva Meijer, »Die Sprache der Tiere«, Verlag Matthes & Seitz, Berlin 2018*
Die Aussage wurde für eine bessere Lesbarkeit angepasst. Im Original lautet sie: »Viele Tiere kennen Trauerrituale und manche halten am Leichnam Wache. […] Krähen begraben sogar ihre Artgenossen. Auch bei Füchsen hat man das beobachtet.«

ZWÖLFTES KAPITEL

12) *Christian Schwägerl, »Die Analoge Revolution«, 2014*
Die Aussage wurde für eine bessere Lesbarkeit angepasst. Im Original lautet sie: »[…] dass Natur- und Menschensystem schon immer identisch waren, dass die Kluft nie existiert hat, sondern nur mit gigantischem philosophischen und kulturellem Aufwand imaginiert wurde.«

Göttert, Karl-Heinz, »Als die Natur noch sprach«, Reclam Verlag, Stuttgart 2019
Der Schriftsteller vermutet, dass wir mit Hilfe einer diffusen Sehnsucht nach der Natur, die problematischen Seiten unserer Gegenwart zu verdrängen versuchen.

Reinhold Leinfelder, »Von der Umweltforschung zur Unsweltforschung«, Frankfurter Allgemeine Zeitung vom 12.10.2011
Der Paläontologe hat für die Einheit von Natur und Mensch den Begriff »Unswelt« geprägt. Für ihn gibt es keinen Gegensatz zwischen der »guten« Umwelt und dem »bösen« Menschen. Denn wir sind mit unserer Technik und Kultur Teil der Natur.

ZUR ILLUSTRATORIN UND AUTORIN

Patricia Thoma ist bildende Künstlerin sowie Illustratorin und Autorin von Kinderbüchern. Nach ihrem Kunststudium am Chelsea College of Art and Design in London lehrte sie an Universitäten in China. Jetzt begeistert sie im Auftrag des Goethe-Instituts Kinder und Jugendliche weltweit für das Zeichnen.
Ihre Arbeiten wurden mit zahlreichen Preisen ausgezeichnet, mit Stipendien gefördert und sind in internationalen Ausstellungen zu sehen. Bei Beltz & Gelberg erschien von ihr bereits »Unsere Zukunft träumen«.

DANKSAGUNG

An dieser Stelle möchte ich mich bei allen Menschen bedanken, die durch ihr Engagement das Gelingen dieses Buches erst möglich gemacht haben.
Insbesondere danke ich meinen Lektorinnen Beatrice Wallis und Stefanie Schweizer fürs genaue Hinschauen und die konstruktiven Impulse. Elisabeth Werner für die fachliche Unterstützung und ihre Geduld. David Lode für seinen spielerischen Umgang mit der Sprache und Maximilian Schemmer für die Einblicke in die Physik.

FSC MIX Papier aus verantwortungsvollen Quellen FSC® C089473 www.fsc.org

Dieses Buch ist erhältlich als:
ISBN 978-3-407-75770-8 Print

in der Verlagsgruppe Beltz · Weinheim Basel
Werderstraße 10, 69469 Weinheim

Quellen und Zitatnachweise im Anhang

Konzept, Text und Illustration: Patricia Thoma
Innen- und Einbandgestaltung: Patricia Thoma
Herstellung: Elisabeth Werner
Druck und Bindung: Beltz Grafische Betriebe, Bad Langensalza
Beltz Grafische Betriebe ist ein klimaneutrales Unternehmen (ID 15985-2104-100).
Printed in Germany
1 2 3 4 5 27 26 25 24 23

Weitere Informationen zu unseren Autor:innen und Titeln finden Sie unter: www.beltz.de